ATIVIDADES PARA EDUCAÇÃO INFANTIL E ANOS INICIAIS DO ENSINO FUNDAMENTAL

ATIVIDADES PARA EDUCAÇÃO INFANTIL E ANOS INICIAIS DO ENSINO FUNDAMENTAL

Kacianni Ferreira

Rio de Janeiro
2012

© 2012 by Kacianni Ferreira

Gerente Editorial: Alan Kardec Pereira
Editor: Waldir Pedro
Revisão Gramatical: Lucíola Medeiros Brasil
Capa e Projeto Gráfico: 2ébom Design
Capa: Eduardo Cardoso
Diagramação: Flávio Lecorny

Dados Internacionais de Catalogação na Publicação (CIP)

F441a
　Ferreira, Kacianni
　　Atividades para educação infantil e anos iniciais do ensino fundamental / Kacianni Ferreira - Rio de Janeiro: Wak Editora, 2012.
　　96p. : 21cm

　Inclui bibliografia
　ISBN 978-85-7854-177-4

　　1.Atividades criativas na sala de aula. 2. Brincadeiras. 3. Jogos educativos. 4. Diversões. I. Título.

12.0567　　　CDD 372.2　　　CDU: 373.2/.3

2012

Direitos desta edição reservados à Wak Editora
Proibida a reprodução total e parcial.
Os infratores serão processados na forma da lei.

WAK EDITORA

Av. N. Sra. de Copacabana 945 – sala 107 – Copacabana
Rio de Janeiro – CEP 22060-001 – RJ
Tels.: (21) 3208-6095 e 3208-6113 / Fax (21) 3208-3918
wakeditora@uol.com.br
www.wakeditora.com.br

"Mestre não é quem sempre ensina,
mas quem de repente aprende."
João Guimarães Rosa

Aos colegas professores, principalmente da educação infantil e anos iniciais do ensino fundamental.

Agradeço a Deus, à minha família, principalmente à minha mãe, Jacinta de Fátima de Souza Ferreira, pelo apoio e pelo incentivo ao meu trabalho.

Sumário

Apresentação 9

Atividades 13

Receitas para Confecção de Massa de Modelar 57

Origem do Natal 59

Sugestão de Músicas Natalinas 65

Projeto Brinquedos e Brincadeiras
em Cândido Portinari 69

Biografia Resumida de Cândido Portinari 77

Abordagem Triangular (de Ana Mae Barbosa) 79

Sugestão de Atividades a Partir das Obras
de Portinari 83

Brinquedos e Brincadeiras em
Cândido Portinari 85

O Brincar na Educação 87

Referências 93

Apresentação

Além das brincadeiras, das cantigas de roda, da confecção de brinquedos, das danças e das dramatizações, entre outras coisas, as crianças também gostam de realizar atividades escritas. Dessa forma, elas desenvolvem o interesse em escrita, desenho, pintura, colagem etc.

As atividades aqui sugeridas são bastante simples e práticas. Podem ser realizadas em diversas localidades, sejam urbanas ou rurais, além de modificadas e/ou adaptadas a realidade de cada escola, lar ou comunidade.

A sequência das atividades a serem trabalhadas fica a critério do professor que poderá utilizá-las de acordo com o interesse das crianças e dos projetos a serem desenvolvidos em sala de aula.

Para garantir um trabalho efetivo, é imprescindível que essas atividades sejam realizadas de modo contextualizado, assim a criança terá uma aprendizagem realmente significativa.

O conteúdo geral deste livro está distribuído em três partes. A primeira contém 41 atividades escritas que incluem:

- Atividades com ponto, linha e formas geométricas.
- Atividades de recorte e colagem com papel, sementes, areia, palitos de fósforo, aparas de lápis e giz de cera, canudos, EVA e algodão.
- Atividades para fantoches de dedo e no palito.
- Atividades para desenhar e pintar utilizando lápis de cor, giz de cera e cola colorida.
- Atividades para projetos com temas relacionados às letras do alfabeto, às formas geométricas, aos numerais, aos instrumentos musicais, aos animais, às frutas, à festa junina ou da colheita, ao dia da bandeira, aos meios de transportes e ao Natal.
- Sugestão de atividades: duas obras de arte (Volpi e Vatenor) para as crianças pintarem de forma livre (pedir às crianças que façam releituras a partir de fotos das obras originais).

A segunda parte contém:

- Receitas para confecção de massinha de modelar.
- Texto sobre a origem e a simbologia do Natal.
- Sugestão de músicas natalinas.

A terceira parte contém:

· Sugestão e modelo de projeto pedagógico.
· Biografia resumida de Cândido Portinari.
· Resumo da Abordagem Triangular (de Ana Mae Barbosa).
· Sugestão de atividades a partir das obras de Portinari.
· Modelo de relato de experiência.
· Modelo de artigo.

ATIVIDADE 1

1. CUBRA AS LINHAS RETAS E FORME OS QUADRADOS. DEPOIS, PINTE COM SUAS CORES PREFERIDAS.

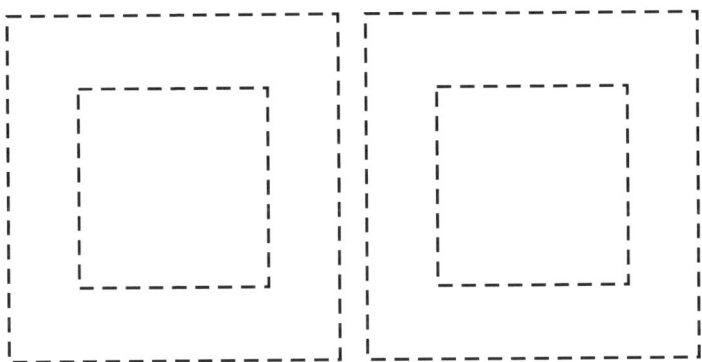

2. CUBRA AS LINHAS CURVAS E FORME OS CÍRCULOS. DEPOIS, PINTE COM SUAS CORES PREFERIDAS.

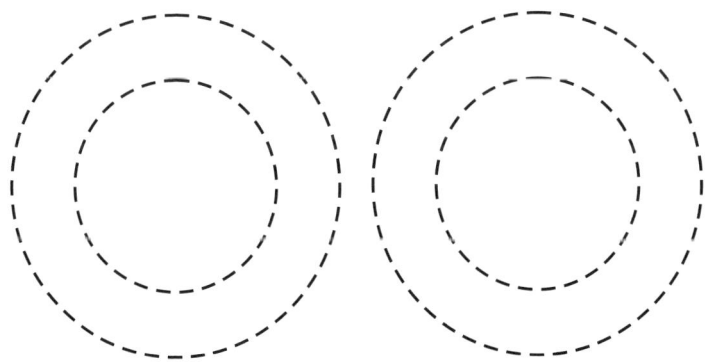

ATIVIDADE 2

1. CUBRA AS LINHAS RETAS.

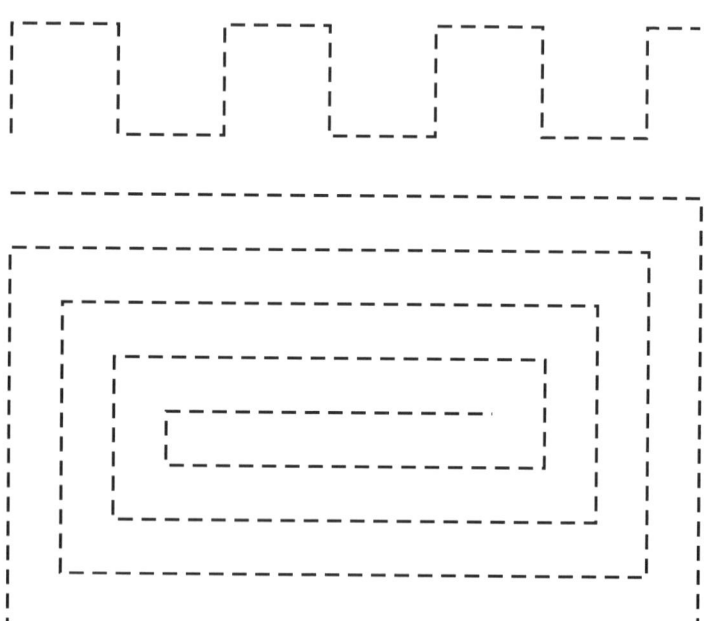

2. CUBRA AS LINHAS CURVAS.

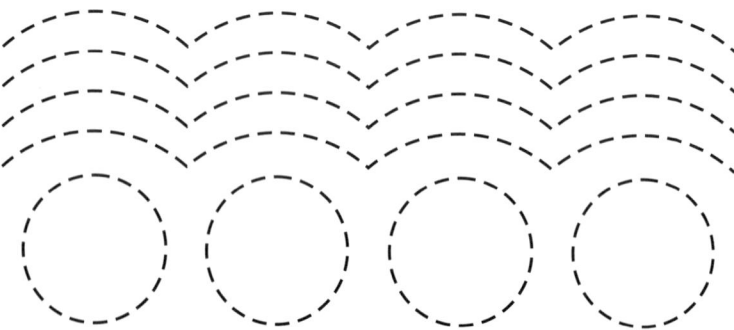

ATIVIDADE 3

1. CUBRA AS LINHAS RETAS.

2. CUBRA AS LINHAS CURVAS.

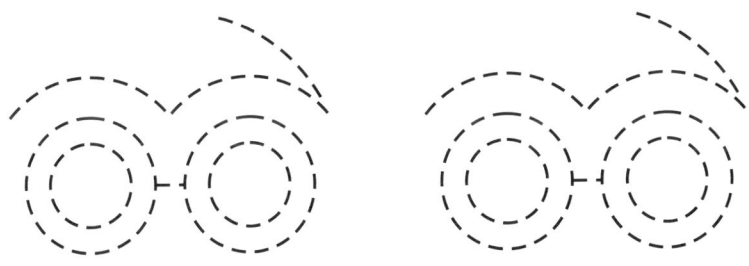

3. CUBRA AS LINHAS RETAS E DEPOIS PINTE A CASA.

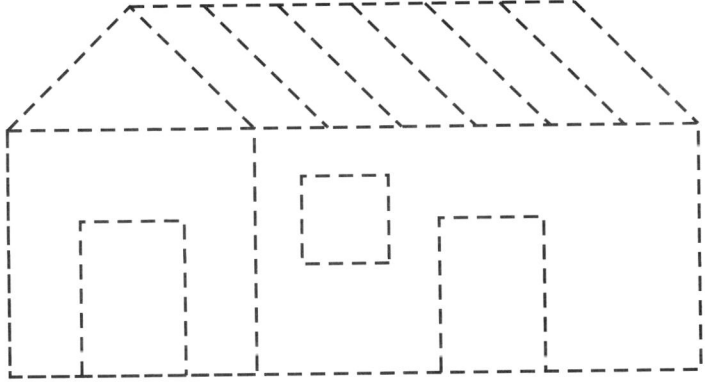

ATIVIDADE 4

1. CUBRA AS FORMAS GEOMÉTRICAS.

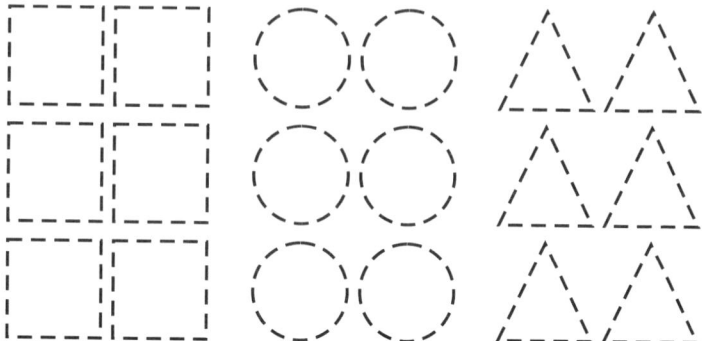

2. VOCÊ APRENDEU O NOME DE VÁRIAS CORES E DE TRÊS FIGURAS GEOMÉTRICAS. PINTE O <u>QUADRADO</u> DE VERMELHO, O <u>CÍRCULO</u> DE AZUL E O <u>TRIÂNGULO</u> DE AMARELO.

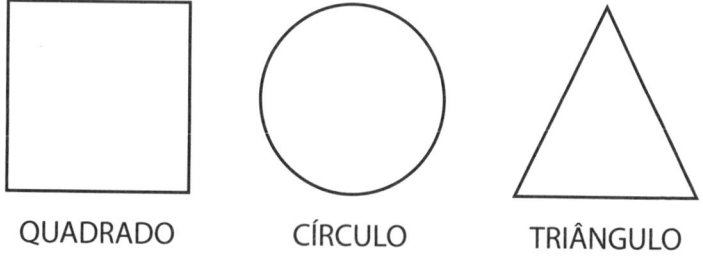

QUADRADO　　　CÍRCULO　　　TRIÂNGULO

3. ESCREVA A PRIMEIRA LETRA DO SEU NOME: _____

4. ESCREVA SEU PRIMEIRO NOME:

_____

ATIVIDADE 5

1. ESCREVA SEU NOME DENTRO DO RETÂNGULO.

2. CIRCULE A PRIMEIRA LETRA DO SEU NOME. DEPOIS, PINTE O QUADRO ONDE APARECE SUA LETRA.

A	B	C
D	E	F
G	H	I

J	K	L
M	N	O
P	Q	R

S	T	U
V	X	Y
W	Z	

3. A GALINHA SAIU ESPALHANDO MILHO POR TODO O CAMINHO. AGORA, COLE O MILHO NOS PONTINHOS.

ATIVIDADE 6

ESCREVA O NÚMERO UM. DEPOIS, COLE PAPEL COLORIDO E PINTE A ESTRELA.

1 __ __ __ __ __ __ __

ATIVIDADE 7

RECORTE CÍRCULOS DE PAPEL E COLE-OS NAS FIGURAS ABAIXO. EM SEGUIDA, CONTE OS CÍRCULOS.

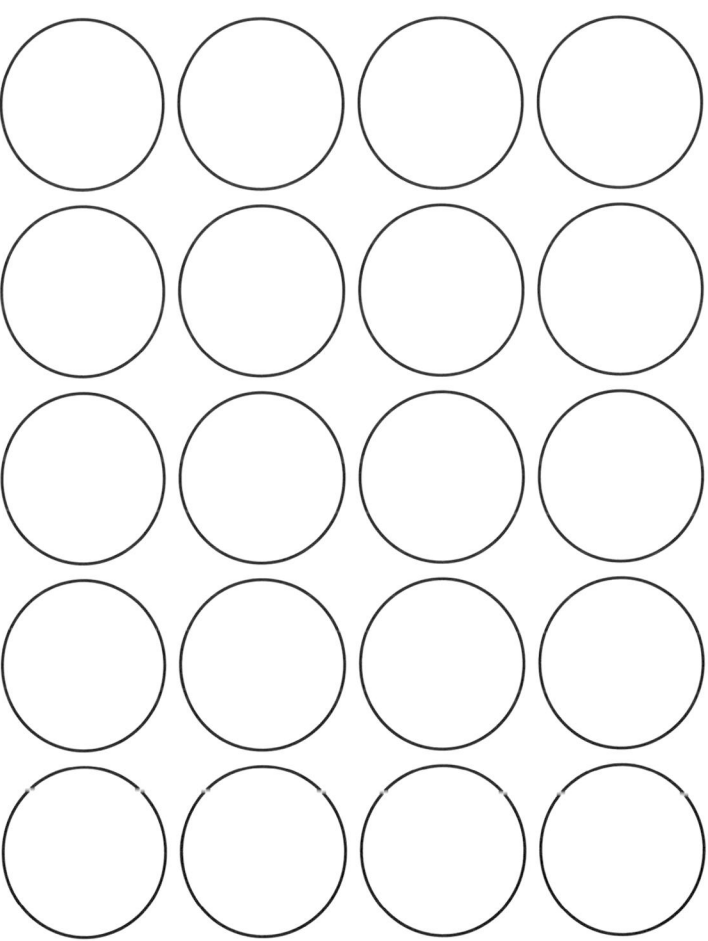

ATIVIDADE 8

1. QUANTAS LETRAS TEM SEU NOME? _____
2. PINTE AS FLORES QUE TÊM AS LETRAS DO SEU NOME.

ATIVIDADE 9

ESCREVA O NÚMERO DOIS. EM SEGUIDA, COLE AREIA E PINTE AS FIGURAS.

2 __ __ __ __ __ __ __

ATIVIDADE 10

Fantoches para palito de picolé

PEÇA A CADA CRIANÇA QUE ESCOLHA UMA FRUTA. DEPOIS DE PINTAR, RECORTE E COLE-A NO PALITO DE PICOLÉ. EM SEGUIDA, É SÓ BRINCAR.

ATIVIDADE 11

PINTE AS NOTAS MUSICAIS COM AS SEGUINTES CORES:

DO = VERMELHA **RE** = LARANJA **MI** = AMARELA
FA = VERDE **SOL** = AZUL-CLARO **LA** = AZUL-ESCURO
SI = VIOLETA OU ROXA

QUANTAS SÃO AS NOTAS MUSICAIS? _____

ATIVIDADE 12

ESCREVA OS NOMES DOS INSTRUMENTOS MUSICAIS ABAIXO. EM SEGUIDA, PINTE-OS.

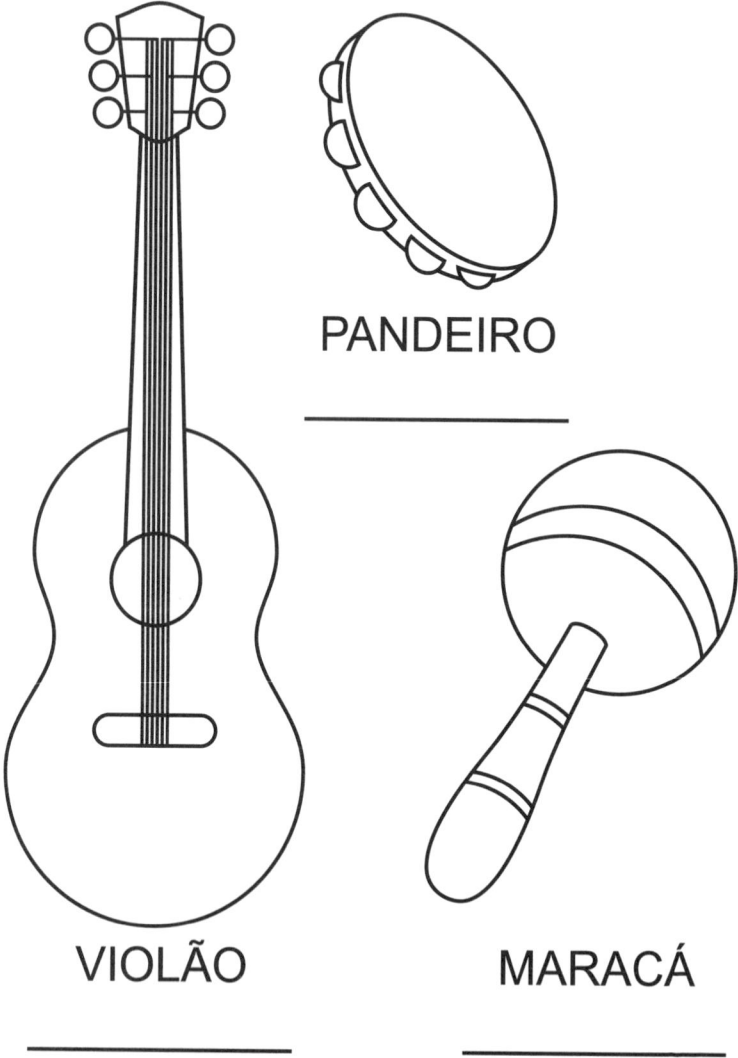

PANDEIRO

_____

VIOLÃO

_____

MARACÁ

_____

ATIVIDADE 13

COLOQUE AS NOTAS MUSICAIS ABAIXO NA ORDEM NATURAL.

RE

SOL

MI

SI   DO

FA

LA

ATIVIDADE 14

RECORTE QUADRADOS DE PAPEL E COLE-OS NAS FIGURAS ABAIXO. DEPOIS, CONTE-OS.

ATIVIDADE 15

ESCREVA O NÚMERO TRÊS. DEPOIS, COLE SEMENTES DENTRO DO NÚMERO E PINTE AS LUAS.

3 __ __ __ __ __ __ __

ATIVIDADE 16

COLE APARAS DE LÁPIS NA BARRIGA DO PEIXINHO. EM SEGUIDA, PINTE AS NADADEIRAS.

ATIVIDADE 17

LIGUE OS NUMERAIS E PINTE O DESENHO. DEPOIS, CONTE QUANTOS OVOS A TARTARUGA BOTOU.

ATIVIDADE 18

RECORTE TRIÂNGULOS DE PAPEL E COLE-OS NAS FIGURAS ABAIXO. EM SEGUIDA, CONTE QUANTOS SÃO E ESCREVA AQUI. _____

ATIVIDADE 19

COLE PEDAÇOS DE EVA OU PAPEL PICADO NA BORBOLETA. EM SEGUIDA, PINTE A FLOR.

ATIVIDADE 20

Para projeto com animais

PINTE OS DEDOCHES (FANTOCHES DE DEDO).
EM SEGUIDA, COLOQUE NOS DEDOS E BRINQUE COM ELES.

ATIVIDADE 21

ESCREVA O NÚMERO QUATRO. EM SEGUIDA, COLE APARAS DE GIZ DE CERA E PINTE OS PALHAÇOS.

ATIVIDADE 22

COMPLETE OS DESENHOS E PINTE-OS. DEPOIS, CONTE AS FIGURAS.

ATIVIDADE 23

COLAGEM COM CANUDOS COLORIDOS OU COLA COLORIDA.

Kacianni Ferreira

ATIVIDADE 24

ESCREVA O NÚMERO CINCO. DEPOIS, COLE PAPEL COLORIDO E PINTE OS GATOS.

5 __ __ __ __ __ __ __

ATIVIDADE 25

PINTE O DESENHO ABAIXO, INSPIRADO NA OBRA DO ARTISTA PLÁSTICO VOLPI (BANDEIRINHA,1958). EM SEGUIDA, CONTE TODAS AS BANDEIRINHAS E ESCREVA O NÚMERO AO LADO. _____

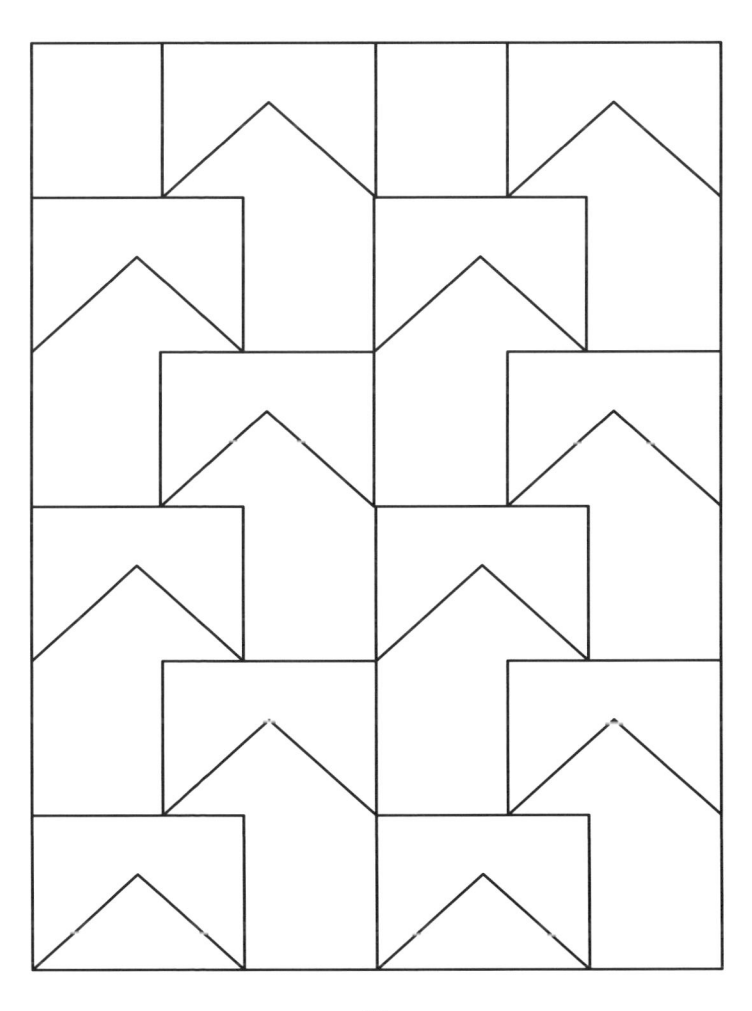

ATIVIDADE 26

COLE SEMENTES DE MILHO NOS GALHOS. ESSAS SEMENTES SIMBOLIZARÃO OS CAJUS DO CAJUEIRO.

ATIVIDADE 27

COLE PALITOS DE FÓSFORO PARA FAZER A FOGUEIRA. DEPOIS, PINTE O FOGO. EM SEGUIDA, CONTE QUANTOS PALITOS VOCÊ COLOU E ESCREVA AQUI _____.

ATIVIDADE 28

PINTE O DESENHO ABAIXO INSPIRADO NA OBRA "CAJUS" DO ARTISTA PLÁSTICO POTIGUAR VATENOR.

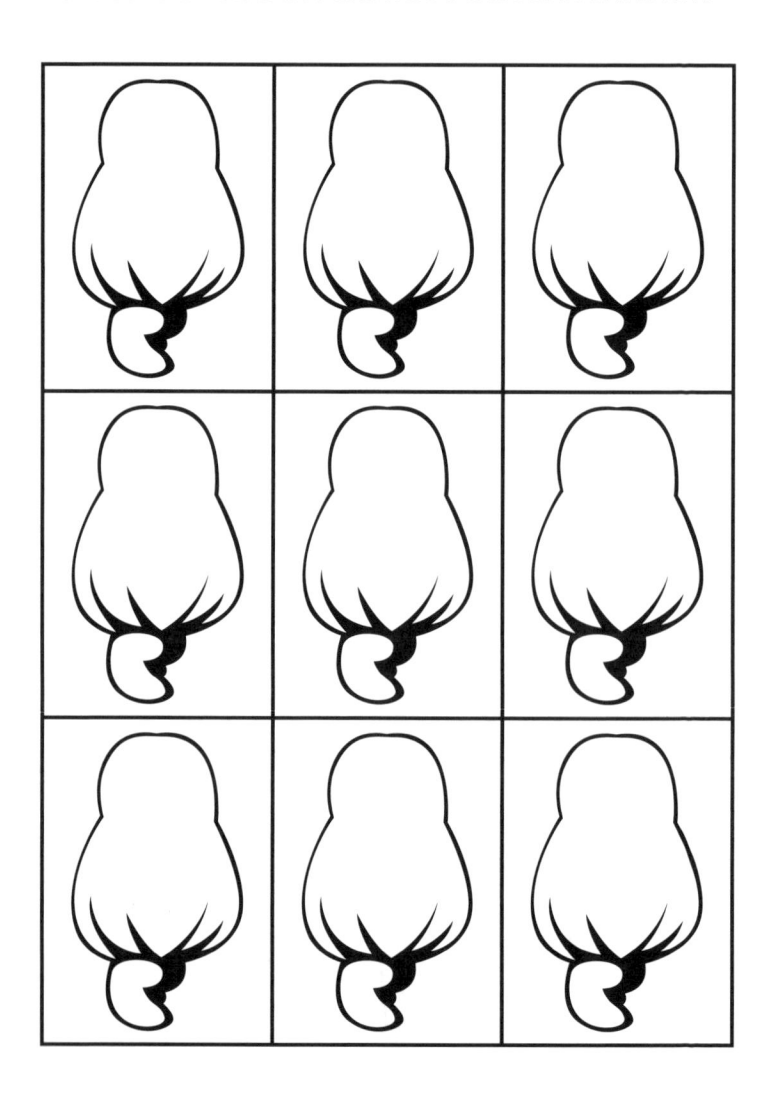

ATIVIDADE 29

COLE PAPÉIS COLORIDOS NO BALÃO.

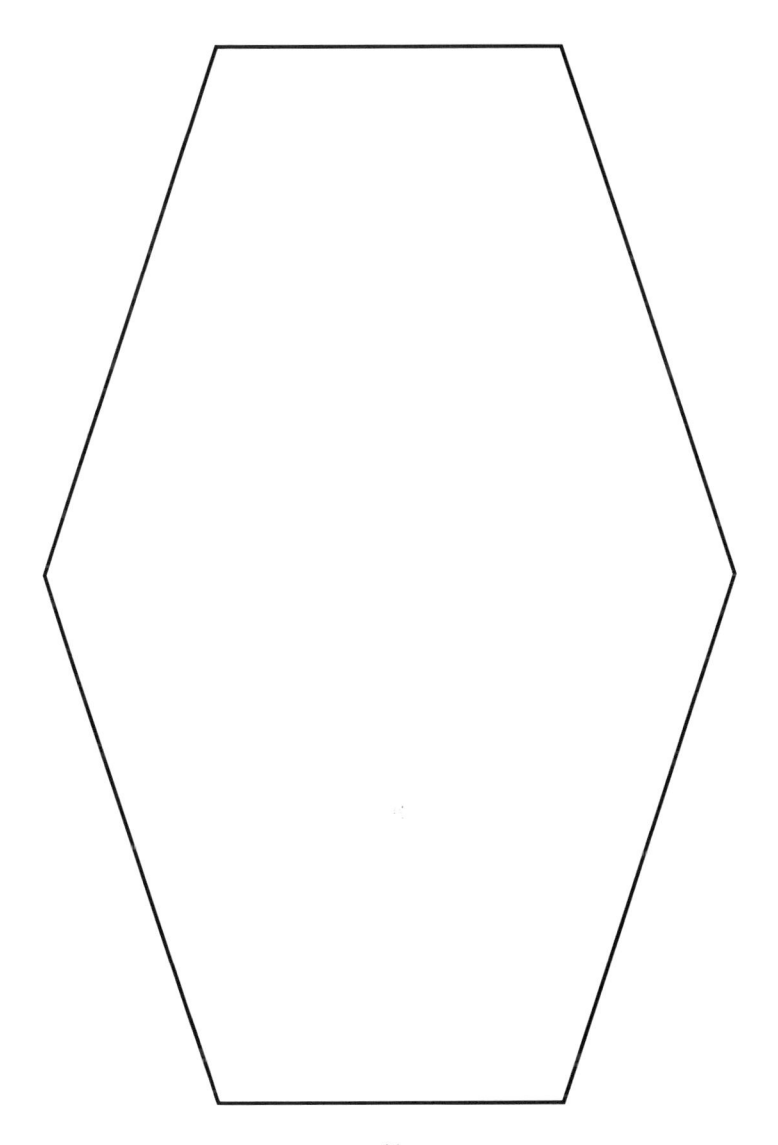

ATIVIDADE 30

1. CUBRA OS CAJUS ABAIXO. EM SEGUIDA, PINTE-OS.

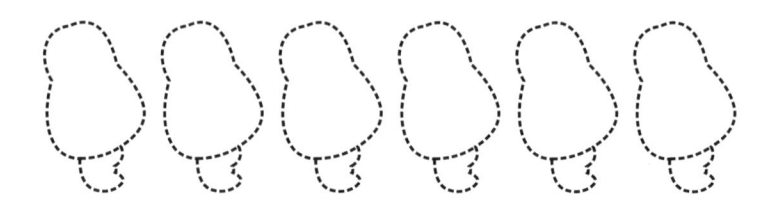

QUANTOS CAJUS TEM AQUI? _____

2. ESCREVA AS VOGAIS DAS PALAVRAS.

CAJU = C ____ J ____

CAJUEIRO = C ____ J ____ ____ ____ R ____

CANJICA = C ____ NJ ____ C ____

BALAIO = B ____ L ____ ____ ____

BALÃO = B ____ L ____ ____

BOLO = B ____ L ____

BANDEIRAS = B ____ ND ____ ____ R ____ S

MILHO = M ____ LH ____

MILHARAL = M ____ LH ____ R ____ L

ATIVIDADE 31

ESCREVA O NÚMERO SEIS. DEPOIS, COLE PAPEL COLORIDO E PINTE AS FLORES.

6 __ __ __ __ __ __ __

ATIVIDADE 32

1. QUANTAS CORES TEM A BANDEIRA DO BRASIL?
_____

2. PINTE A BANDEIRA DO BRASIL COM AS CORES CORRESPONDENTES.

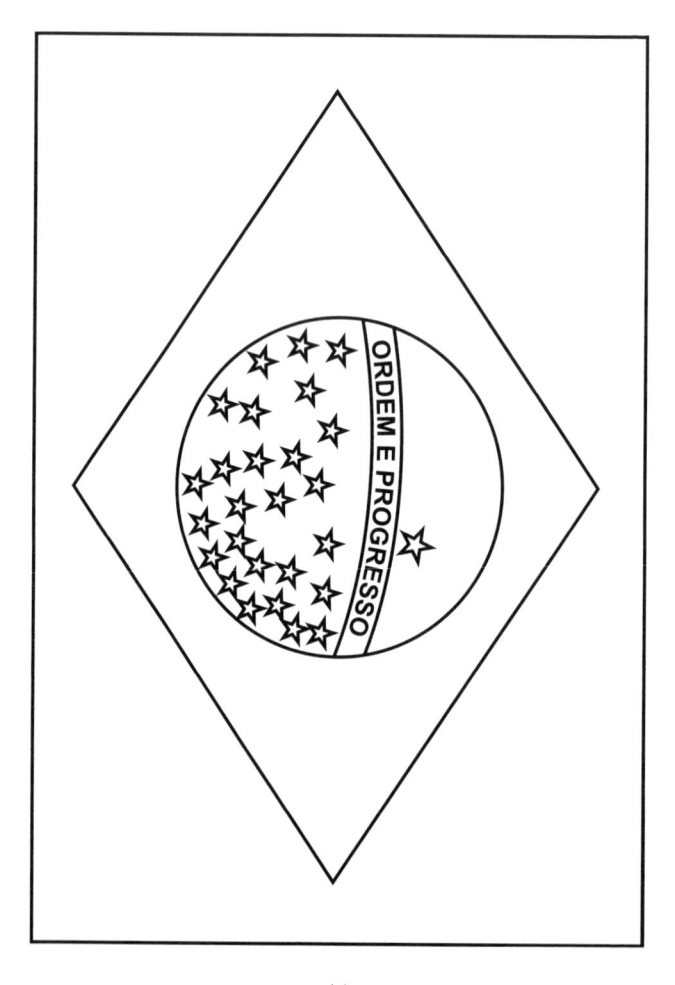

ATIVIDADE 33

ESCREVA OS NOMES DOS MEIOS DE TRANSPORTE ABAIXO. EM SEGUIDA, PINTE AS FIGURAS.

CAMINHÃO
_____

AVIÃO
_____

NAVIO
_____

MOTO
_____

CARRO
_____

ATIVIDADE 34

LIGUE AS PALAVRAS AO MEIO DE TRANSPORTE.

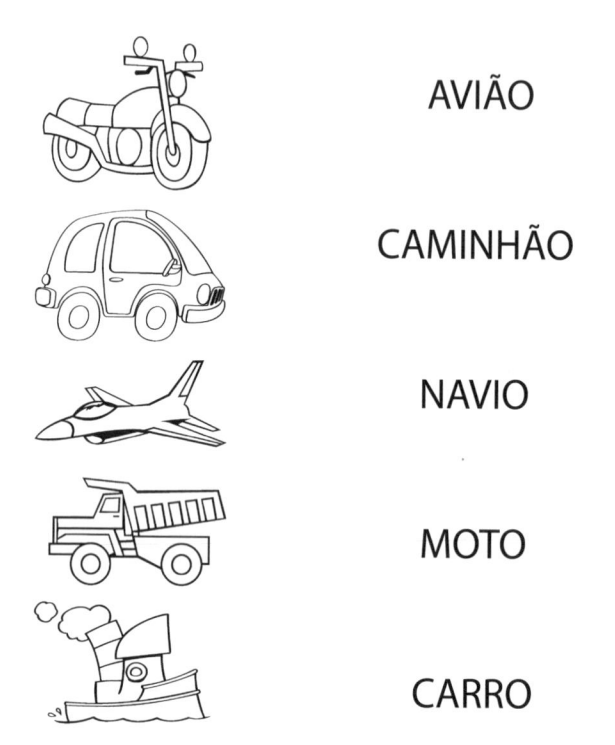

AVIÃO

CAMINHÃO

NAVIO

MOTO

CARRO

CIRCULE A LETRA **A** NAS PALAVRAS ABAIXO:

CARRO	BARCO	AVIÃO	CAMINHÃO
NAVIO	MOTO	BICICLETA	ÔNIBUS
CALÇADA	RUA	CASA	ESCOLA

Atividades para Educação Infantil...

ATIVIDADE 35

ESCREVA OS NOMES DOS MEIOS DE TRANSPORTE ABAIXO E PINTE-OS.

ATIVIDADE 36

ESCREVA OS NOMES DOS MEIOS DE TRANSPORTE CORRESPONDENTES.

ATIVIDADE 37

ESCREVA O NÚMERO SETE. DEPOIS, COLE PAPEL COLORIDO E PINTE AS MAÇÃS.

7 __ __ __ __ __ __

ATIVIDADE 38

ESCREVA O NÚMERO OITO. DEPOIS, PINTE COM COLA COLORIDA. EM SEGUIDA, PINTE OS ANIMAIS.

8 __ __ __ __ __ __ __

ATIVIDADE 39

ESCREVA O NÚMERO NOVE. DEPOIS, PINTE COM TINTA GUACHE. EM SEGUIDA, PINTE OS ANIMAIS COM LÁPIS DE COR.

9 __ __ __ __ __ __ __

ATIVIDADE 40

ESCREVA O NÚMERO ZERO. DEPOIS, COLE SEMENTES DE ARROZ.

0 __ __ __ __ __ __ __

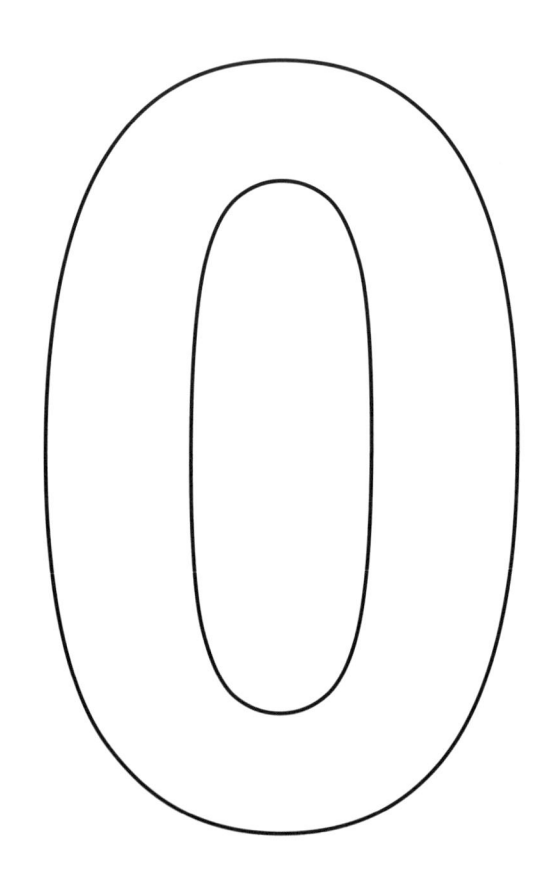

ATIVIDADE 41

PINTE E ENFEITE A ÁRVORE DE NATAL.

2ª Parte

Receitas para Confecção de Massa de Modelar

Receita 1

Esta receita pode ser feita em casa ou em sala de aula. É bom que as crianças vistam um avental ou alguma roupa para evitar que sujem a roupa ou a farda.

Material

- 1 xícara de farinha de trigo, ½ xícara d'água, ½ xícara de sal, ¼ de xícara de vinagre, ¼ de xícara de tinta guache

Modo de fazer

Misture a farinha de trigo com o sal. Em seguida, acrescente a água e o vinagre. Por último, coloque a tinta guache. Se quiser, divida a receita ao meio e use duas cores de tinta guache, uma para cada porção de massa. Se dividir a receita ao meio, lembre-se de que a quantidade de tinta deverá ser proporcional. Amasse tudo muito bem, até obter uma massa lisa. Em seguida, é só brincar.

Receita 2

Material

1 xícara de farinha de trigo, ½ xícara d'água, 2 colheres de sopa de sal, 2 potinhos pequenos de tinta guache, 1 colherinha de café de óleo de cozinha.

Modo de fazer

Com as mãos, misture a farinha de trigo com o sal. Aos poucos, acrescente a água. Depois, coloque a tinta guache. Por último, coloque o óleo. Amasse e misture tudo, até obter uma massa lisa.

Observação: A massinha pode ser guardada na geladeira por até uma semana.

Origem do Natal

A palavra Natal vem do Latim *natale* e significa nascimento.

As comemorações festivas do ciclo natalino vêm da distante Idade Média, quando a Igreja Católica introduziu o Natal em substituição a uma festa mais antiga do Império Romano, a festa do deus Mitra, que anunciava a volta do Sol em pleno inverno do Hemisfério Norte.

Conta a Bíblia que um anjo anunciou a Maria que ela daria a luz a Jesus, o filho de Deus. Na véspera do nascimento, o casal viajou de Nazaré para Belém (Palestina). Como não encontraram lugar para dormir, tiveram de ficar no estábulo de uma estalagem. E ali mesmo, entre bois e cabras, Jesus nasceu, sendo enrolado com panos e deitado em uma manjedoura.

Pastores que estavam próximos com seus rebanhos foram avisados por um anjo e visitaram o bebê. Três reis magos que viajavam há dias seguindo a estrela-guia igualmente encontraram o lugar e ofereceram presentes ao menino: ouro, mirra e incenso. No retorno, espalharam a notícia de que havia nascido o filho de Deus.

O ciclo natalino inicia-se na véspera do Natal, 24 de dezembro, e vai até o Dia de Reis, 6 de janeiro. A emoção do povo é revelada nos folguedos natalinos por meio de sua ação dramática.

Temos vários folguedos natalinos, como o *pastoril*, o *bumba meu boi*, a *cavalhada*, a *chegança*, que fazem referências à Noite de Festas e ao grande dia em que Jesus nasceu. Desses folguedos, o mais tipicamente natalino é o *pastoril* religioso, que tem em sua essência a temática da visitação dos pastores ao estábulo de Belém, onde Jesus nasceu.

"Feliz Natal" no mundo

- Brasil: Feliz Natal
- Portugal: Boas Festas
- Estados Unidos: Merry Christmas
- Inglaterra: Happy Christmas
- França: Joyeux Noel
- México/América Central/Espanha: Feliz Navidad

SIMBOLOGIA DO NATAL

Árvore – a árvore é símbolo da vida, e, por isso, nós a enfeitamos para receber a verdadeira vida que é o CRISTO. Representa a vida renovada, o nascimento de Jesus. O pinheiro foi escolhido por suas folhas sempre verdes, cheias de vida.

Sinos – o sino lança mensagens no ar. E a grande mensagem é o nascimento de Jesus. Por isso, o sino é o sinal de anúncio e alegria para todos.

Presentes – quando gostamos de uma pessoa, nós a presenteamos. Assim Deus fez conosco, porque não apenas gosta de nós, Ele nos ama. Por isso, presenteia-nos com o mais sagrado de todos os presentes: Seu Filho. Assim, a vida nos é dada. Os presentes simbolizam as ofertas dos três reis magos. Hábito anterior ao nascimento de Cristo. O Ano Novo romano tinha distribuição de mimos para crianças pobres.

Bolas coloridas – as bolas coloridas que usamos para enfeitar o pinheiro significam os frutos daquela árvore viva que é Jesus e, também, são os dons que o nascimento nos trouxe: as boas ações como o amor, o perdão, a verdade, a oração, a esperança, a fé, enfim, a docilidade à vontade do Pai.

Coroa ou guirlanda – a coroa ou a guirlanda do advento é o primeiro anúncio do Natal, sua cor verde é sinal de vida e esperança. E a fita vermelha é símbolo do amor de Deus para conosco e a expectativa da vinda do Filho de Deus que nasce no Natal.

Ceia – a ceia significa que a nossa verdadeira vida é Cristo; o Filho de Deus que estamos festejando. É o momento em que a família se reúne lembrando a Ceia que Jesus fez com seus discípulos, onde ele próprio se dá a nós como alimento.

Comidas típicas – o simbolismo que o alimento tem na mesa vem das sociedades antigas que passavam fome. Era uma forma de reverenciar a Deus (carneiro, peru, nozes, avelã, uvas, pão ou panetone etc.).

Velas – "Eu sou a luz do mundo." As velas simbolizam a presença de Cristo Ressuscitado: a luz do mundo que veio para nos salvar. As velas acesas simbolizam nossa fé e alegria pelo Deus que vem nos iluminar.

Estrela – os Magos vieram do Oriente à procura de Jesus e foram guiados por essa estrela até Belém. A estrela tem quatro pontas e uma cauda luminosa. As quatro pontas representam as quatro direções da terra: Norte, Sul, Leste e Oeste de onde vêm os homens para adorar a grande luz que é o Filho de Deus. A cauda luminosa nos aponta o caminho onde nascerá o Deus-Menino.

Cartões – surgiram na Inglaterra em 1843, criados por John C. Horsley que o deu a Henry Cole, amigo que sugeriu fazer cartas rápidas para felicitar conjuntamente os familiares.

Presépio – em 1223, São Francisco de Assis montou o primeiro presépio de Natal para celebrar o nascimento de Jesus Cristo e interpretar a nossa vida a partir da dele. Portanto, o presépio representa a doutrina de Jesus que é: pobreza, simplicidade, fé, humildade, docilidade e a unidade da família. Reproduz o nascimento de Jesus. As ordens religiosas se incumbiram de divulgar o presépio, a aristocracia investiu em montagens grandiosas e o povo assumiu a tarefa de continuar o ritual.

Anjos – representam os mensageiros do nascimento de Jesus.

Fonte: www.google.com.br

Sugestão de Músicas Natalinas

Bate o sino (Jingle Bell)

Hoje a noite é bela

Vamos à capela

Juntos eu e ela

Felizes a rezar.

Ao soar o sino, sino pequenino

Vem o Deus-Menino nos abençoar.

Bate o sino pequenino sino de Belém

Já nasceu o Deus menino para o nosso bem!

Paz na Terra pede o sino alegre a cantar!

Abençoe, Deus Menino, sempre o nosso lar!

Natal das Crianças

Natal, Natal das crianças
Natal da noite de luz
Natal da estrela-guia
Natal do Menino Jesus

Blim, blão, blim, blão, blim, blão...
Bate o sino da matriz
Papai, mamãe rezando
Para o mundo ser feliz

Noite Feliz

Noite feliz, noite feliz,
Ó Senhor, Deus de amor,
Pobrezinho nasceu em Belém
Eis na lapa Jesus nosso bem
Dorme em paz, ó Jesus,
Dorme em paz, ó Jesus.

3ª Parte

Projeto Brinquedos e Brincadeiras em Cândido Portinari

Apresentação

O projeto "BRINQUEDOS E BRINCADEIRAS EM CÂNDIDO PORTINARI" foi realizado no Centro Municipal de Educação Infantil Professora Carmen Fernandes Pedroza, na cidade do Natal/RN, no primeiro trimestre de 2010, com crianças dos níveis III e IV, do turno vespertino, durante as aulas de Ensino de Arte.

Justificativa

O projeto "BRINQUEDOS E BRINCADEIRAS EM CÂNDIDO PORTINARI" pretende aliar, de forma lúdica e prazerosa, a consciência ecológica à confecção de brinquedos com material reciclável, além de brincadeiras e releitura da obra "*Meninos soltando pipa*" de Cândido Portinari.

O referido projeto busca o amplo desenvolvimento da criança, expandindo sua capacidade de aprender, apreciar e descobrir a alegria de fazer seu próprio brinquedo e, em seguida, brincar com o mesmo. O trabalho desenvolve a atenção global da criança, suas sensibilidades auditivas, visuais e emocionais.

Objetivos Específicos

- confeccionar brinquedos com material reciclável;
- desenvolver e explorar o potencial criativo e a autoestima de cada criança;
- por meio de atividades de recreação dirigida, educar os movimentos e colocar em jogo as funções intelectuais da criança;
- proporcionar aos alunos alegria e prazer, estímulo intelectual e oportunidade de autodomínio e autoexpressão;
- desenvolver e estimular a sustentabilidade ambiental.

Eixos de Trabalhos

Durante o período do projeto, as crianças realizaram atividades, tais como: desenho, pintura, música, dramatização, dança, modelagem com massinha, confecção de brinquedos e instrumentos musicais percussivos com material reciclável, além de brincadeiras, ou seja, diferentes áreas do conhecimento totalmente integradas, de acordo com a teoria de Piaget, o que estimula e favorece o desenvolvimento físico, cognitivo, afetivo, social e moral do grupo.

Metodologia

As atividades aconteceram na sala de aula e no pátio da escola, em ambiente não competitivo onde a recompensa maior é o prazer de fazer brinquedos, instrumentos musicais, brincar com esses brinquedos e instrumentos e realizar diversas brincadeiras com os colegas.

A cada semana, no momento da roda inicial, as crianças foram estimuladas a cantar cantigas de roda, conhecer um instrumento musical, aprender a manuseá-lo e tocá-lo com autonomia, confeccionar brinquedos e instrumentos musicais percussivos, além de discutir sobre os brinquedos e as brincadeiras de que mais gostam.

As crianças tiveram contato com fotografias de obras de arte de Cândido Portinari, relacionadas a brinquedos e brincadeiras, fizeram a leitura da obra "Meninos soltando pipa", de acordo com seus conhecimentos prévios e, em seguida, a releitura, por meio de desenhos.

Recursos Necessários

Material reciclável (a ser levado pelo professor e/ou pelos alunos)

- Garrafas pequenas de 250ml (lavadas e secas)
- Garrafas plásticas de 2 litros (lavadas e secas)
- Tampas plásticas (lavadas e secas)
- Garrafas grandes, verdes e lisas de 2 litros (lavadas e secas)
- Rolinhos vazios de papel higiênico
- Latas de achocolatado com tampa plástica (lavadas e secas)
- Latas de leite em pó com tampas (lavadas e secas)
- Caixas de remédios
- Gargalos de garrafa plástica grande

- Papel de presente e jornal
- Sementes cruas (arroz, milho e outras)

Outros materiais
(a serem fornecidos pela escola)

- Palitos de picolé
- Palitos de churrasco
- Cartolina, papel *color set*, papel guache, papel crepom
- Cola branca, cola de isopor, tesouras, fita adesiva
- Barbante
- Lápis de cor, giz de cera
- 1 resma de papel A4

Culminância

 A culminância do projeto aconteceu no sarau literário, no mês de maio, com a montagem de um mural com as produções das crianças e a exposição dos brinquedos que foram confeccionados, entre os quais a pipa.

Avaliação

Compreendemos que este projeto possibilitou às crianças vivenciarem a arte no contexto escolar de forma envolvente, estimulando a criatividade e a imaginação destas por meio de situações de intenso prazer, ampliando suas experiências.

Referências

BRASIL. Ministério da Educação. Parâmetros Curriculares Nacionais: artes. Secretaria de Educação Fundamental – 2ª edição – Rio de Janeiro: DP&A, 2000, v. 6.

BRASIL. Ministério da Educação e do Desporto. Referencial Curricular para a Educação Infantil. 1998, v. 3.

CRAIDY, Carmen Maria. *Educação Infantil:* Pra que te quero? Porto Alegre: Artmed, 2001.

FERREIRA, Kacianni de Sousa. *Brincadeiras e brinquedos:* da educação infantil à melhor idade. Petrópolis/RJ: Editora Vozes, 2010.

MEYER, Ivanise Corrêa Rezende. *Brincar e viver:* projetos em educação infantil. Rio de Janeiro: Wak Editora, 2003.

Biografia Resumida de Cândido Portinari

Infância em Portinari

Diversos artistas dedicam a vida ao registro da cultura de seu povo e de seu país, mas Cândido Portinari (1903/1962) jamais conseguiu se desvencilhar de suas memórias da infância, de sua identidade brodosquiana. "Menino de infância pobre que trabalhava como auxiliar de pintura em igrejas e também na elaboração de potes de barro pintado para ajudar na sobrevivência da família" (BARBOSA, 2005, *apud* REDDIG, 2007, p. 89/90) e convivia com adultos e crianças reunindo experiências de vida. O convívio com aquela gente e aquele lugar o acompanhava, e sua obra teve forte influência de seus primeiros anos de vida. Com apenas 10 anos (1914), fez seu primeiro retrato. Mesmo com grandes dificuldades financeiras, Portinari seguiu seus estudos e, aos 20 anos, pintou uma tela, reconhecida como sua primeira obra de arte e primeira vendida. Em 1928, o artista foi premiado em um concurso e recebeu uma viagem à Europa.

Quando estava em Paris, coberto de saudade, Portinari declarou em carta: "[...] Daqui fiquei vendo melhor a minha terra – fiquei vendo Brodósqui como ela é. Aqui não tenho vontade de fazer nada. [...]. Vou pintar aquela gente com aquela roupa e com aquela cor [...]" (MOULIN; MATUCK, 1997, *apud* REDDIG, 2007, p. 89/90).

A obra desse artista é vasta e diversificada. Produziu quase cinco mil obras, entre pinturas murais, painéis, telas, desenhos e gravuras, passando por tipos regionais, trabalho, retratos e tantos outros temas, porém as crianças tiveram sua predileção. Ele dizia: "*Sabem por que é que eu pinto tanto menino em gangorra e balanço? Para botá-los no ar, feito anjos*" (ROSA, 1999, *apud* REDDIG, 2007, p. 89/90). Sua preocupação sempre foi "expressar o homem por meio de diferentes linguagens e formas" (*ibidem*).

Cândido Torquato Portinari, filho de imigrantes italianos, nasceu em Brodowski/São Paulo, em 29 de dezembro de 1903. Foi o pintor brasileiro a alcançar maior projeção internacional. No entanto, desobedecendo às ordens médicas, Portinari continuou pintando e viajando com frequência para exposições nos Estados Unidos, Europa e Israel. Trabalhando aceleradamente, o envenenamento de Portinari começa a tomar proporções fatais. No dia 6 de fevereiro de 1962, morre envenenado pelas tintas que o consagraram.

Fonte:
http://pt.wikipedia.org/wiki/C%C3%A2ndido_Portinari

Abordagem Triangular
(de Ana Mae Barbosa)

Para garantir um trabalho efetivo com as obras de arte, com destaque para a pintura, será utilizada a metodologia triangular, que inclui três fases de trabalho interligadas:

- Leitura da obra de arte – identificação do tema, das cores predominantes, do suporte utilizado (madeira, tela, papel, pedra etc.), dos movimentos, da luminosidade, das linhas e dos volumes.

- Contextualização histórica – estabelecimento de relações entre a obra e seu contexto de produção (dados biográficos, realidade do artista, sua relação com movimentos ou estilos artísticos, patrocinadores etc.).

· <u>Produção artística</u> – proposta de trabalhos de releitura das obras analisadas, com destaque para o tema abordado ou para as técnicas de produção utilizadas pelo artista.

Leitura

A leitura das obras sugeridas será realizada por meio de questões que remetam à temática abordada:

1. Quem aparece na pintura?
2. Como estão vestidos?
3. Onde eles estão?
4. O que estão fazendo?
5. Há diferenças entre eles? Quais?
6. Que cores estão presentes?

Contextualização

Levantar com eles elementos das pinturas que podem ser relacionados com a época de produção: vestimentas, atividades e locais retratados.

1. A brincadeira delas tem alguma semelhança com as suas brincadeiras? Quais?
2. Quem vocês pensam ser estas crianças?
3. Vocês usam o mesmo tipo de roupa das crianças representadas nas pinturas?
4. Que brincadeiras as crianças estão realizando?
5. Vocês também realizam essas brincadeiras?
6. Que outras brincadeiras realizam?

Produção

As crianças vão fazer uma releitura (desenho) da obra *Meninos Soltando Pipa*, de Cândido Portinari. Ao final, será feita a montagem de um mural com as produções devidamente identificadas por legendas que incluam título da obra, nome do autor e ano de produção.

1. Que elementos da paisagem e das personagens foram representados?
2. Em que suporte eles foram representados?
3. Eles foram representados de forma realista, isto é, buscando semelhança com o mundo "real"?

4. Que tintas (guache, óleo etc.) foram utilizadas?

5. Quais as cores predominantes?

6. Que tipos de linhas e figuras geométricas podem ser identificados?

7. Como foi o trabalho com a luz? É muito ou pouco iluminado?

8. Tem movimento na obra? Como se percebe?

Sugestão de Atividades a Partir das Obras de Portinari

Atividade 1

- Releitura da obra *"Meninos Soltando Pipa"*, de Cândido Portinari.
- Confeccionar pipas com os alunos.
- Brincar de soltar pipas no pátio ou na frente da escola.
- Montar um painel com os desenhos e expor na escola.

Atividade 2

- Fazer dobradura de jornal (chapéu).
- Fazer uma releitura da obra "Menino com pião", de Cândido Portinari.
- Confeccionar com as crianças um pião com material reciclável.
- Ensinar a música "Roda pião".
- Montar um painel com os desenhos e expor na escola.

Sugestão de música: Roda pião

O pião entrou na roda, pião (2x)
Roda pião, bambeia pião (2x)
Sapateia no terreiro, pião (2x)
Roda pião, bambeia pião (2x)

Atividade 3

- Pesquisar brincadeiras de rua.
- Pedir aos alunos que desenhem e pintem as brincadeiras encontradas.
- Brincar ao ar livre, movimentando o corpo.

Brinquedos e Brincadeiras em Cândido Portinari

Neste capítulo, iremos retratar a experiência de um projeto didático realizado no primeiro trimestre do ano letivo de 2010, com crianças dos níveis III e IV, durante as aulas de Ensino da Arte no CMEI Profa. Carmen Pedroza, localizado em Natal/RN. O referido projeto teve o objetivo de aliar, de forma lúdica e prazerosa, a consciência ecológica à confecção de brinquedos com material reciclável e brincadeiras, além da releitura da obra de arte *"Meninos soltando pipa"*, de Cândido Portinari. A cada semana, no momento da roda inicial, as crianças foram estimuladas a cantar cantigas de roda, conhecer um instrumento musical, aprender a manuseá-lo e tocá-lo com autonomia, confeccionar brinquedos e instrumentos musicais percussivos, além de discutir sobre os brinquedos e as brincadeiras de que mais gostam. Nesse contexto, as crianças tiveram contato com algumas obras de arte de Cândido Portinari relacionadas a brinquedos e brincadeiras, fizeram a leitura e a releitura destas por meio de diversas formas de expressão artística. As bases teóricas que sustentam esse trabalho se apoiam em teóricos, como Piaget, Froebel e Kishimoto. A culminância do projeto aconteceu no sarau literário, no mês de maio, com a montagem de um mural com as produções das crianças e a exposição dos brinquedos que foram confeccionados. Compreendemos que este projeto possibilitou às crianças vivenciarem a arte no contexto escolar de forma envolvente, estimulando a criatividade e a imaginação destas por meio de situações de intenso prazer, ampliando, assim, suas experiências.

O Brincar na Educação

"O mestre nasce da exuberância da felicidade. Ser mestre é ensinar a felicidade."

Rubem Alves

Quando chego à escola e as crianças percebem minha presença, acontece algo mágico. Uma energia boa, de alegria e contentamento, circula no ar.

Quando me dirijo à sala de aula, as crianças dizem: – Lá vem ela (a professora). Então, correm ao meu encontro, me cercam e fico paralisada. Assim, sou conduzida a aula. Fico tão feliz com a receptividade delas, que esqueço qualquer problema que possa ter.

Elas querem levar minhas pastas, minha sacola com material reciclável... Só faltam me carregar também.

Qual professor de educação infantil não já viveu essa experiência?

Trabalhar com educação infantil é algo apaixonante. Não apenas ensinamos mas também aprendemos muito com esses pequeninos, e o que mais me encanta neles é a sinceridade com que dizem as coisas. Gostando ou não, eles falam de tudo.

Eles dizem que sou a professora do brinquedo, das brincadeiras e da música. E é com a própria fala deles que verso sobre a importância do brincar na educação.

Já trabalhei com crianças do ensino fundamental e costumava confeccionar com elas, sempre ao final da aula, um brinquedo, um jogo ou um instrumento musical percussivo. As que frequentavam o quinto ano reclamavam que eu só fazia brinquedos com os do primeiro ano... Por que não fazia com elas também? Percebi que a curiosidade e o interesse eram grandes quando o assunto era brinquedo, jogos e brincadeiras. Os próprios alunos me despertaram para a questão da aprendizagem lúdica. A partir daí, resolvi fazer um brinquedo ou brincadeira com eles, semanalmente. Como consequência, tive alunos mais presentes e participativos. As aulas se tornaram mais significativas e a aprendizagem também.

Atualmente estou lecionando para crianças na educação infantil e vivencio a cada dia novas descobertas com os brinquedos e as brincadeiras realizados em sala de aula. Ensinar e ver crianças de quatro e cinco anos confeccionarem seus próprios brinquedos e depois brincando com eles é maravilhoso. Posso afirmar, sem receio, que o momento mais esperado pelas crianças é aquele em que vamos confeccionar um brinquedo e/ou quando vamos realizar uma brincadeira.

Convido as crianças para a roda. Digo que é a hora de fazermos o brinquedo. Todas correm e sentam-se. Algumas com dificuldade, o que não é de se admirar, principalmente as que têm necessidades educacionais especiais. Mas a grande maioria vai logo sentando no local já combinado. Após termos formado o círculo, no chão da sala, pego minha sacola com um brinquedo já pronto e digo que vamos fazer outros parecidos com esse. Digo o nome do brinquedo e como se brinca com ele. O entusiasmo é geral.

Normalmente, realizo um trabalho contextualizado, com orientação da coordenação da escola. Leio uma historinha com tema relacionado ao assunto ou ao projeto que está sendo trabalhado, faço e respondo perguntas, algumas predefinidas e outras que surgem no momento da discussão. Em seguida, cantamos algumas cantigas de roda ou ensino novas, relacionadas ao assunto ou tema do projeto abordado. Todo esse processo culmina com o brinquedo e as brincadeiras, ou seja, quando a criança aprende brincando, seja com atividades de recreação livre ou dirigida, estimulamos, da forma mais espontânea possível, o desenvolvimento das linguagens oral e escrita, da coordenação motora, do ritmo, da agilidade mental, do equilíbrio, da lateralidade, da concentração, do reflexo, da prontidão de reação, da criatividade e da autonomia.

Nas palavras de Friedrich Froebel (1782-1852), um dos primeiros educadores a enfatizar a importância do brinquedo e da atividade lúdica na educação infantil, *"a brincadeira não é trivial, ela é altamente séria e de profunda significância"*. Partindo desse pressuposto, acredito que temos de sensibilizar os educadores para o valor do brincar, não só como atividade livre mas também como um método auxiliar no processo de construção do conhecimento.

Quando falo do brincar na educação infantil, não podemos ter receio de incomodar ou fazer barulho. Uma escola de crianças pequenas onde não há algazarra, risos e brincadeiras é um lugar hostil, sem alegria e, portanto, de difícil aprendizagem. É claro que devemos levar em conta a estrutura da escola e a disponibilidade de materiais, bem como a capacidade de comprometimento dos profissionais envolvidos com esse processo de aprendizagem para a realização de um trabalho de qualidade, com resultados eficazes.

Podemos dizer que os brinquedos e as brincadeiras (o brincar, de forma geral) na educação estimulam a socialização (interação com o ambiente social), o espírito de equipe, o companheirismo, a cooperação, a ética, a afetividade e outras boas atitudes. Acredito que a verdadeira finalidade da educação é a formação do caráter. Afinal, tão importante quanto ensinar a ler e escrever é ensinar, também, a distinção entre o certo e o errado. E podemos fazer isso brincando, utilizando algumas palavrinhas mágicas, como, por exemplo, obrigado, por favor, com licença, desculpe, entre outras, por meio de dramatizações, brincadeiras, cantigas de roda e combinados.

As brincadeiras também dão vazão ao excesso de energia e favorecem o desenvolvimento físico, cognitivo, afetivo, social e moral (PIAGET, 1967) das crianças, além de proporcionar alegria, prazer e oportunidade de autodomínio, autoexpressão e autorrealização.

Para a criança, os brinquedos e as brincadeiras são tão importantes como o alimento diário. Por meio deles, a criança desenvolve-se nos aspectos biológicos, sociais, cognitivos e afetivo-emocionais.

O brincar na educação, seja na escola ou em casa, ajuda as crianças na preparação para a vida adulta, pois coloca em jogo suas funções intelectuais, contribuindo para desenvolver suas potencialidades.

A cada dia, percebo que as crianças estão mais impacientes e intransigentes. Nós, educadores, muitas vezes, temos de bater recordes de superação e sermos mais criativos para conseguirmos a atenção delas e nada melhor do que ensinar e aprender por meio de brincadeiras. Daí a importância da formação continuada, seja por meio de cursos, pesquisas, leituras de revistas especializadas e de novos livros com temáticas apropriadas.

Educadores e pais necessitam ter clareza em relação ao brincar, pois traz enormes contribuições ao desenvolvimento da habilidade de aprender a pensar.

Como trabalho com crianças da educação infantil à terceira idade e de várias classes sociais, observo que a confecção dos próprios brinquedos é uma motivação especial e, somada às brincadeiras, é algo que encanta e emociona, o que naturalmente contribui para a superação das dificuldades de aprendizagem nas diversas áreas do conhecimento.

(Artigo da autora publicado na Revista Projetos em Educação Infantil – Revista n.º 65 Editora On Line / SP – agosto de 2010.)

Referências

Caso tenha havido alguma omissão involuntária de dados bibliográficos, teremos o maior prazer em creditá-los na próxima edição.

Livros

CARRILHO, Jane Emirene Dias; ARAÚJO, Neire de Sousa. *Uni-Duni-Tê prazer em aprender*. Maternal, Belo Horizonte/MG: Editora CEDIC.

LEONARDI, Angela Cantele; CANTELE, Bruna Renata. *Arte e Habilidade:* educação infantil: fase preparatória. 2ª edição. São Paulo: IBEP, 2004.

_____. *Arte:* novo eu gosto. Livro 1. Ensino Fundamental. São Paulo: IBEP, 2006.

Sites

http://3.bp.blogspot.com

http://figuras.paracolorirepintar.com.br/

www.projetospedagogicosdinamicos.kit.net

Livro recomendado

FERREIRA, Kacianni de Sousa. *Brincadeiras e brinquedos:* da educação infantil à melhor idade. Petrópolis, RJ: Vozes, 2010.

Oficinas e cursos ministrados pela autora:

- Confecção de brinquedos
- Arte Reciclável
- Brincadeiras de Roda
- Danças Circulares Sagradas
- Iniciação musical
- Psicologia das Cores

Contatos para sugestões, oficinas e palestras:
E-mail: kacianni@hotmail.com
Blog: brinquedoscomsucata.blogspot.com

Conheça também da
Wak Editora

BRINCAR E VIVER:
Projeto Em Educação Infantil

IVANISE CORRÊA REZENDE MEYER

ISBN: 978-85-88081-14-7

JOGOS, BRINQUEDOS, BRINCADEIRAS E BRINQUEDOTECA
Implicações no Processo de Aprendizagem e Desenvolvimento

SIRLÂNDIA TEIXEIRA

ISBN: 978-85-7854-098-2

POR DENTRO DA EDUCAÇÃO INFANTIL
A Criança em Foco

GLEISY CAMPOS e LILIAN LIMA (orgs.)

ISBN: 978-85-7854-097-5

EM BUSCA DA TRANSFORMAÇÃO
A Filosofia Pode Mudar Sua Vida

WALDIR PEDRO

ISBN: 978-85-88081-82-6

PRÁTICAS DE EDUCAÇÃO INFANTIL

GERALDO PEÇANHA DE ALMEIDA (org.)

ISBN: 978-85-7854-145-3

INCLUSÃO NA EDUCAÇÃO INFANTIL

ROGÉRIO DRAGO

ISBN: 978-85-7854-138-5